Inhalt

Getränkeherstellung - Segmente entwickelten sich 2010 uneinheitlich

Kernthesen

Beitrag

Fallbeispiele

Zahlen und Fakten

Weiterführende Literatur

Impressum

Getränkeherstellung - Segmente entwickelten sich 2010 uneinheitlich

Markus Hofstetter

Kernthesen

- Der Pro-Kopf-Verbrauch alkoholfreier Getränke (AfG) stieg in Deutschland in 2010 auf 118,2 Liter.
- Trotz steigender Exporte sank der Bierabsatz der deutschen Brauereien und Lager in 2010 auf unter 100 Millionen Hektoliter.
- 2010 ist in Deutschland der Weinabsatz um 0,7 Prozent gesunken, der Umsatz reduzierte sich sogar um 2,7 Prozent.
- Der deutsche Spirituosenmarkt hat 2010 mit rund 691 Millionen abgesetzter Flaschen à 0,7 Liter wieder das Vorjahresniveau

erreicht.

Beitrag

AfG meldet für steigenden Absatz

Laut der Wirtschaftsvereinigung Alkoholfreie Getränke (wafg) stieg der Pro-Kopf-Verbrauch alkoholfreier Getränke (AfG) in Deutschland von 117 Liter in 2009 auf 118,2 Liter im Jahr 2010. Wichtigste Wachstumstreiber waren neben Produktneuheiten die klassischen Erfrischungsgetränke wie Cola oder Limonade.

Über die Hälfte des gesamten AfG-Volumens haben die Deutschen 2010 in Form von Wasser konsumiert, insgesamt waren es rund zwölf Milliarden Liter. Dabei verbuchte der Wassermarkt gegenüber dem Vorjahr ein leichtes Plus in Umsatz und Absatz. Der Trend zu Wasser mit weniger und ohne Kohlensäure bestimmte nach wie vor die Entwicklung. Positiv entwickelte sich das Segment Mineralwasser-Plus. Wasser mit Geschmack setzte den Positivtrend der Vorjahre allerdings nicht mehr fort.

Die zweitstärkste Kategorie Colagetränke verbuchte mit über vier Prozent Wachstum im Basisgeschäft eine überdurchschnittliche Entwicklung. Zu den Wachstumsträgern gehörten 2010 volumenmäßig eher kleine Segmente: Bittergetränke, Eiskaffee und Energydrinks verzeichneten zweistellige Zuwächse bei Umsatz und Absatz. Auf Absatzbasis gewannen ferner die Limonaden und kohlensäurehaltigen Fruchtsaftgetränke. Das Geschäft mit Schorlen dagegen litt bei stabiler Absatzentwicklung unter weiterem Preisverfall. Im Eisteemarkt war die Absatzentwicklung negativ, ein leichtes Plus von knapp zwei Prozent war jedoch beim Umsatz feststellbar. Fruchthaltige Getränke (Fruchtsäfte, Nektare und Fruchthaltige Getränke ohne CO_2) mit einem Absatzanteil von elf Prozent am gesamten AfG-Volumen setzten den Negativtrend der Vorjahre weiter fort. Zu den Verlierern im Markt gehörten auch die Sportgetränke mit zweistelligem Umsatz- und Absatzminus.

Das AfG-Wachstum kam 2010 ausschließlich aus dem traditionellen Lebensmitteleinzelhandel. Insbesondere Verbrauchermärkte mit plus fünf Prozent und Supermärkte mit plus sechs Prozent wiesen hohe Zuwachsraten aus. Die großen Verlierer im Markt waren die Getränkeabholmärkte mit Umsatz- und Absatzrückgängen von jeweils mehr als acht Prozent. Die Discounter lieferten mit einem Umsatzminus von zwei Prozent ebenfalls eine recht schwache Performance.

In den ersten drei Quartalen 2010 waren fast 70 Prozent aller im Handel verkauften Getränke in PET-Einweg- oder Petcycle-Flaschen abgefüllt. Besonders stark ist PET-Einweg in den AfG-Segmenten Mineralwässer, Erfrischungsgetränke und Fruchtsäfte. Rund sieben Prozent am Gesamtmarkt entfallen auf die Getränkedose. Mehrwegbehälter bestreiten nur noch gut 23 Prozent des Gesamtmarktes, wobei PET-Mehrweg mit knapp 13 Prozent Marktanteil die Oberhand über Glas mit noch gut zehn Prozent behält. (1), (2), (3), [Abb. 1]

Bierabsatz ist weiter im Minus

Nach den Zahlen des Statistischen Bundesamtes (Destatis) lag der Bierabsatz der in Deutschland ansässigen Brauereien und Bierlager 2010 erstmals bei unter 100 Millionen Hektoliter. Mit 98,3 Millionen Hektoliter wurden rund 1,7 Millionen Hektoliter oder 1,7 Prozent weniger als im Vorjahr abgesetzt. Hatte jeder Deutsche im Jahr 2000 im Schnitt noch rund 120 Liter Bier konsumiert, waren es im letzten Jahr nur noch knapp über 100 Liter pro Kopf. Dabei kam der Branche das gestärkte Auslandsgeschäft zugute. Der Export in die EU-Länder steigerte sich um 2,6 Prozent auf elf Millionen Hektoliter, der Absatz in Drittländern wuchs um 17,7 Prozent auf 3,7 Millionen

Hektoliter. Die im Inland abgesetzte Menge, rund 84,8 Prozent des gesamten Bierabsatzes, sank dagegen im Vergleich zum Vorjahr um 2,9 Prozent auf 83,4 Millionen Hektoliter.

Überproportional fiel der Absatzrückgang bei Biermischungen aus. Bier mit Limo, Cola, Fruchtsäften oder sonstigen alkoholfreien Zusätzen stand 2010 für vier Millionen Hektoliter, im Vergleich zum Jahr 2009 ein Minus von 2,7 Prozent. Damit repräsentierten Biermixe rund vier Prozent des gesamten Bierabsatzes. Die Ausnahmen bei Biermixgetränken sind das traditionelle Radler und das Szenebier-Urgewächs Cola-Bier. Beide sind feste Größen, deren Absatz sich weitestgehend stabil hält. Die Bedeutung des Teilsegments alkoholfreier Biere wächst dagegen.

Der addierte Inlandsabsatz der zehn größten Biergruppen lag mit gut 54 Millionen Hektoliter um 3,3 Prozent unter dem Vergleichswert von 2009. Damit fällt das Minus dieser Bierbrauer deutlicher aus als im Gesamtmarkt. Der Spitzenreiter Radeberger Gruppe musste erneut ein Inlandsminus von sechs Prozent auf geschätzte 11,6 Millionen Hektoliter verkraften. Offiziell hat Radeberger einen Absatz von 13,1 Millionen Hektoliter gemeldet, hier sind jedoch die AfG-Marken Selters und Bionade enthalten. Besonders starke Rückgänge verbuchte AB-InBev.

Das inländische Minus lag bei 9,6 Prozent, das durch den höheren Exportanteil nicht ganz ausgeglichen werden konnte. So fiel nur noch ein Minus von 1,6 Prozent an. Die Nummer drei der Branche, die Bitburger Gruppe, hat ein Plus von 1,3 Prozent auf 7,4 Millionen Hektoliter gemeldet. Hier muss aber berücksichtigt werden, dass die übernommenen Marken Königsbacher und Nette mit zirka 100 000 Hektoliter zu Buche schlagen. Ohne diese von Karlsberg übernommenen lokalen Biermarken hätte der Bitburger Braukonzern punktgenau das Vorjahresabsatzergebnis erreicht. Der Sprung, den Oettinger 2010 vollzogen hat, ist im Zusammenhang mit den 2009 noch nicht berücksichtigten zusätzlichen Marken zu sehen, die der Brauer im Zuge der Übernahme von Feldschlösschen in Braunschweig integriert hat. Zusammen mit dem relativ hohen Exportanteil steht Oettinger in der Gesamtausstoßmenge im Ranking auf Platz drei. Carlsberg Deutschland repräsentiert nach dem Verkauf der Feldschlösschen Brauerei in Braunschweig an Oettinger nur noch einen Inlandsabsatz von zirka 3,2 Millionen Hektoliter, gegenüber 4,3 Millionen Hektoliter 2009. (4), (5), (6), [Abb. 2]

Deutscher Wein entwickelt sich

schwächer als Gesamtmarkt

2010 ist in Deutschland dem Deutschen Weininstitut (DWI) zufolge 0,7 Prozent weniger Wein verkauft worden. Gleichzeitig sank der Umsatz um 2,7 Prozent. Als Grund sieht das DWI die hohe Zahl von Angebotspreisen im Lebensmitteleinzelhandel. Der Aktionspreisanteil am Gesamtumsatz liegt mittlerweile bei 54 Prozent. Deutsche Weine entwickelten sich dabei schwächer als der Gesamtmarkt: Der Absatz sank um fünf Prozent, der Umsatz um 5,7 Prozent. Mit einem Mengenanteil von 46 Prozent und einem Umsatzanteil von 52 Prozent verloren die deutschen Anbieter je zwei Prozentpunkte. Dabei positionieren sich die Deutschen Erzeuger aufgrund höherer Produktionskosten eher im Mittelpreissegment. Die Rückgänge in den unteren Preisklassen konnten im vergangenen Jahr allerdings nicht mit dem Weinabsatz in den mittleren und oberen Preisklassen kompensiert werden.

Weine aus Italien stehen nach wie vor für einen Umsatzanteil von 13 Prozent, Frankreichs Weine gaben um einen Prozentpunkt auf zwölf Prozent nach. Gewinner waren die spanischen Exporteure, die ihren Marktanteil von sechs auf acht Prozent Marktanteil steigerten. Bei den Sorten konnten einzig Roséweine zulegen, deren Absatz wuchs um 6,5

Prozent. Weiß- und Rotwein verzeichneten dagegen ein Minus von 1,7 beziehungsweise 1,3 Prozent.

Die DWI-Vergleichszahlen der Weinumsätze über alle Vertriebswege zeigen, dass die deutschen Verbraucher Wein hauptsächlich in den Preisregionen bis 1,99 Euro pro Flasche kaufen. Zuwächse gab es sogar in den Einstiegssegmenten bis 1,49 Euro. Weine mit einem Preis von über fünf Euro pro Flasche haben dagegen nur einen Marktanteil von 1,4 Prozent. (7), (8), [Abb. 3]

Der deutsche Spirituosenmarkt zeigt sich stabil

Der Spirituosenmarkt in Deutschland zeigte sich 2010 stabil. Mit rund 691 Millionen abgesetzten Flaschen à 0,7 Liter wurde 2010 wieder das Vorjahresniveau erreicht, berichtet der Bundesverband der Deutschen Spirituosenindustrie und -Importeure (BSI). Damit ist Deutschland unverändert der größte Spirituosenmarkt innerhalb der EU. Der Pro-Kopf-Konsum war mit 5,4 Liter gleichfalls stabil. Der Wert der abgesetzten Spirituosen stieg dabei um 1,4 Prozent auf 3,8 Milliarden Euro, was auch auf Preisanhebungen der internationalen Marken zurückzuführen ist. Nach den Analysen der Marktforscher der SymphonyIRI-Group stieg der

Absatz im Lebensmitteleinzelhandel und in Drogeriemärkten mit rund 551 Millionen Flaschen um rund eine Million Einheiten beziehungsweise um 0,2 Prozent. Damit wurden 80 Prozent des Gesamtvolumens in diesen beiden Absatzkanälen verkauft.

Die Spirituosenimporte sind von 2009 auf 2010 von 383 auf 423 Millionen Flaschen angestiegen. Der internationale Zuwachs um 10,4 Prozent führte auch zu Verschiebungen in einigen Marktsegmenten. Zu den Gewinnern zählten nach den Ergebnissen von SymphonyIRI unter anderem die Kategorien Rum, Whisky, Wodka, Likör, Obstbrand, Amaretto und Ouzo. Nicht nur die Importe stiegen kräftig, auch die Spirituosenexporte legten zweistellig zu. Nach den vorläufigen Ergebnissen des Statistischen Bundesamtes erhöhten sich die Ausfuhren von 212 auf 239 Millionen Flaschen. Dies entspricht einer Steigerungsrate von 12,7 Prozent. (9)

Fallbeispiele

Veltins - baut Biermixgetränke aus

Veltins hat mit V+ eine feste Größe in dem Marktsegment der Biermixgetränke etabliert und zeigt sich bei den Sorten erfinderisch. Neben den beiden Klassikern Cola und Lemon gibt es mittlerweile auch Bier gepaart mit Energydrink, Tequila-, Apfel- und Grapefruitgeschmack. Im Visier von V+ stehen in erster Linie junge Leute, die mit den süßlich-milden Getränken an die Marke Veltins herangeführt werden sollen. Über zwei Drittel der Käufer sind unter 39 Jahren, etwa die Hälfte davon ist sogar unter 29 Jahre alt. Inzwischen stehen die Biermischgetränke inklusive Radler bei Veltins für 22 Prozent des Gesamtausstoßes. (10)

Nestlé - will Marke Pure Life stärken

Nestlé Waters Deutschland (NWD) will sich 2011 unter anderem auf den weiteren Distributionsaufbau von Nestlé Pure Life konzentrieren. Laut NWD ist es eine der vordringlichsten Aufgaben für das laufende Jahr, den Distributionsgrad weiter zu erhöhen. Unterstützung leisten sollen hierbei unter anderem Promotionteams, die die Verbraucher auch ernährungsphysiologisch beraten können. Mit Hilfe umfassender Plakatwerbung soll auf den Pure Life zum Familienpreis aufmerksam gemacht werden. Mit den Sorten Still und Medium konzentriert sich NWD zunächst einmal auf die beiden Wachstumsfelder im Markt, bevor möglicherweise zusätzliche Produkte auf den Markt kommen. Allerdings wurde neben der 1,5 Liter-Flasche für Pure Life gerade eine zusätzliche 0,5-Liter-Variante eingeführt, nachdem die Nachfrage nach dieser Flaschengröße im vergangenen Jahr generell stark gestiegen ist. (11)

Zahlen & Fakten

Abbildung 1: Erfrischungsgetränke im LEH, Drogerien und Getränkeabholmärkten

in Mio. Euro	Umsatz 2009*	Umsatz 2010	Veränd. in Prozent
Wasser	3 705,3	3 774,2	1
Schorle	609,8	579,8	-4,9
Colagetränke	1 853,3	1 929,6	4,1
Limonade + FSG** mit CO_2	956,1	948,5	-0,8
Bittergetränke	92,2	95,1	2,4
Fruchtsäfte	1 398,8	1 396	-0,2
FSG** ohne CO_2	405,5	376,7	-7,1
Fruchtnektare	505,1	490,2	-2,9
Eiskaffee	100,7	113,5	12,7
Eistee	384,5	391,1	1,7

Energydrinks	220,6	287,4	30,3
Flüssige Sportgetränke	146,2	128,9	-11,9
Restliche	96	72,8	-24,2
AfG total	10 474,7	10 553,8	0,8

* 2009 ohne KW 53, FSG** = Fruchtsaftgetränke
Quelle Nielsen Entnommen aus: Lebensmittel Zeitung, 14/2011, S. 40, (2)

Abbildung 2: Top Ten bei Bier

Rang in Mio. Hektoliter	Unternehmen	Inlandsumsatz 2010 in Mio. Hektoliter	Veränderung in Prozent	Export
1	Radeberger Gruppe KG	11 585	-6,1	515
2	AB-InBev Deutschland	7 500	-9,6	4 900*
3	Bitburger Braugruppe	7 000	1,4	414
4	Oettinger Brauerei	6 520*	13,7	2 280*
5	Krombacher Brauerei	5 469	0,2	144
6	Brau Holding International	4 450	-3,3	850

7	Warsteiner Gruppe	4 000	-2,9	600*	
8	Carlsberg Deutschland	3 175	-26,2	175	
9	C. & A Veltins GmbH & Co	2 420	4,2	163	
10	Frankfurter Brauhaus	2 250	4,7	100	
	Gesamt	**54 369**	**-3,3**	**10 141**	

* geschätzt Quelle: Kai Kelch Entnommen aus: Lebensmittel Zeitung, 11/2011, S. 10,

Abbildung 3: Wein - Billig verkauft sich besser

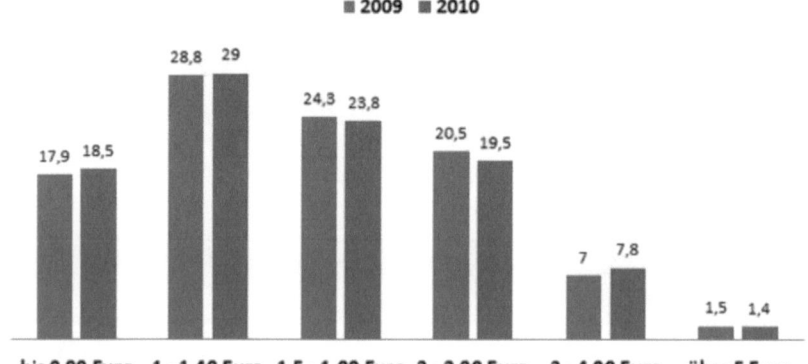

Entnommen aus: Lebensmittel Zeitung, 11/2011, S. 58,

(7)

Weiterführende Literatur

(1) AfG-Absatz im Allzeithoch / Erträge sinken
Durstige Bundesbürger
aus Die Tabak Zeitung vom 04.02.2011, Nr. 005/2011

(2) Markengetränke beleben den Markt
aus Lebensmittel Zeitung 14 vom 08.04.2011 Seite 040

(3) PET bei AfG vor dem Zenit
aus Lebensmittel Zeitung 52 vom 30.12.2010 Seite 022

(4) Absatz in D 2010 weiter rückläufig
aus Food Service Nr.03 vom 11.03.2011 Seite 140

(5) Brauereien geben Gas
aus Rundschau für den Lebensmittelhandel Nr. 03 vom 01.03.2011 Seite 052

(6) Biergeschäft mit schalem Beigeschmack
aus Lebensmittel Zeitung 11 vom 18.03.2011 Seite 010

(7) Sparsame Konsumenten
aus Lebensmittel Zeitung 11 vom 18.03.2011 Seite 058

(8) Deutschwein gibt Marktanteile ab
aus Lebensmittel Zeitung 08 vom 25.02.2011 Seite 024

(9) Spirituosen: Markt bleibt stabil

aus www.lebensmittelzeitung.net vom 09.06.2011

(10) Veltins V+
aus Lebensmittel Zeitung 26 vom 01.07.2011 Seite 034

(11) Nestlé Waters: Forciert Süßgetränkegeschäft
aus www.lebensmittelzeitung.net vom 28.04.2011

Impressum

Getränkeherstellung - Segmente entwickelten sich 2010 uneinheitlich

Bibliografische Information der deutschen Nationalbibliothek

Die Deutsche Nationalbibliothek verzeichnet diese Publikation in der deutschen Nationalbibliografie; detaillierte bibliografische Daten sind im Internet über http://dnb.d-nb.de abrufbar.

ISBN: 978-3-7379-2498-6

© 2015 GBI-Genios Deutsche Wirtschaftsdatenbank GmbH, Freischützstraße 96, 81927 München, www.genios.de

Alle Rechte vorbehalten. Dieses Werk ist einschließlich aller seiner Teile – z.B. Texte, Tabellen und Grafiken - urheberrechtlich geschützt. Jede Verwertung außerhalb der Grenzen des Urheberrechtsgesetzes bedarf der vorherigen Zustimmung des Verlags. Dies gilt insbesondere auch für auszugsweise Nachdrucke, fotomechanische

Vervielfältigungen (Fotokopie/Mikroskopie), Übersetzungen, Auswertungen durch Datenbanken oder ähnliche Einrichtungen und die Einspeicherung und Verarbeitung in elektronischen Systemen.